特定非営利活動法人　共同保存図書館・多摩
第４回多摩デポ講座（２００９・３・１）・第６回多摩デポ講座（２００９・１０・１８）より

現在《いま》を生きる地域資料
―利用する側・提供する側―

（１）公共図書館・地域資料供覧の空気
―全国の図書館を訪ねながらの感想と希望―
平山惠三

（２）小平市から発信する
―地域資料サービスと資料保存―
蛭田廣一

おことわり

全体の構成上、蛭田氏の当日の講演のうち、小平市図書館における資料保存の具体的な事例及び日本図書館協会資料保存委員会での活動については割愛させていただきました。

こちらについては、それぞれのホームページをご参照ください。

（1）公共図書館・地域資料供覧の空気

―全国の図書館を訪ねながらの感想と希望―

平山恵三

はじめに

ご紹介いただきました平山でございます。どうぞよろしくお願いいたします。

ちょっと耳なれないテーマを考案したんですけれど、図書館ではまず「供覧」とは言わないそうですね。ですが、それに代わる言葉もなさそうですね。それから「全国の図書館を訪ねながらの感想と希望」ですが、これは、「感動と希望」にすればよかったと思っております。

過日、山梨学院大学の生涯学習センターが県の社会教育振興会と共催して図書館に関するフォーラムをなさった折、多摩デポにもお誘いがありまして、山梨に住んでいることもあり、行ってまいりました。そこで、パネルディスカッションの指定討論者の外川伸一教授（山梨学院大学）が持論をお話しになられ、それがなかなか気に入りました。図書館の使命は二つある。ひとつは個人の自立の支援、もうひとつは民主主義のとりでと簡潔に言われました（注）。自立の支援にはいろいろある。病気になったら病院へも行くけれど図書館へも行く。失業したらハローワークに行くけれど、図書館へも行くというわけです。必ず手がかりがある。アメリカでは自殺をする前に図書館へ、起業しようと思ったら図書館へ、と言われているそうです。これらはいずれも自立支援です。子どもの成長を支援する、読み聞かせをする、みんな共通しています。

これは図書館の皆さんは先刻ご存知のことでしょうが、私は私で大いに思い当たるところがありました。私が第二の人生といいますか、第三ステージといいますか、古巣を辞めてマイペースで動こうとした時に、実は「自立の支援」を頂戴したのです。

（注）後日、『大学改革と生涯学習（１２）』（山梨学院生涯学習センター編　二〇〇八年三月刊）収載の論文「自治体図書館の使命とＮＰＭ的行政改革」（外川伸一・外川豊子共著）を見ることができました。その中で、自立の支援などについて、片山善博氏、菅谷明子氏の論説などが引用または紹介されています。

1　『信用金庫』（全国信用金庫協会　月刊）での連載「信用金庫の源流」開始

きっかけは、公共図書館での感動

私はずっと立川に住んでいたのですが、十六、七年前に今の山梨県北杜市の白州町というところにほとんど書棚と農具のための様な小屋をつくり、休日には寝泊りもするようにしました。ある日、ちょっと足をのばした諏訪のブックオフに入りましたら、地域の資料がまとめて売られていました。その時に買えたのが、この『新むらづくり論―人にやる気むらに活気』（玉井袈裟男著　信濃毎日新聞社　一九九五）です。ムラというのは、〝人が群れる〟ところなんだそうです。著者は、「人が群れれば活気が出る」と言われる信州大学の名誉教授で、村おこしには、ヨソモノとバカモノとワカモノが集まるとよいと、良いことをおっしゃっています。その玉井先生が、一冊の本でその著者を師と思うようになったというところに惹かれました。すなわち『風土産業』という本を書かれた三澤勝衛さんのことです。一九二〇年に諏訪中学（今の諏訪清陵高校）で教鞭をとるようになった方です。この方は、風土とは何か、大地がある、大気がある、だがその接点に名前はない、だから私は〝風土〟と名前をつけると言い、それぞれに風土が違うのだから、よくよく見て、それに合った農業をやればよいと説きました。農業のことばかりでなく、工業のことも言っています。一九二九年の世界大恐慌で、日本一の生糸の産地であった諏訪は、ガシャンとやられました。そうした時に、山紫水明の諏訪には、スイスのような精密機械工業がよいと提唱しました。今の諏訪の機械工業につながっていると思います。

その三澤さんのことをもっと調べようと諏訪の図書館へ行きましたらお休みで、下諏訪町立図書館に回りましたら、「『風土産業』は、うちにはありませんが、岡谷市立図書館にあります」と教えてもらえました。

岡谷もすぐ近くですから車で足をのばしました。カウンターで聞きましたら、古い本は閉架で、しばらくすると三冊出してくれました。『風土産業』の一九四七年（二冊）と一九八六年の本でした（一九八八年には古今書院から新装版第二版も出ています）。一九四七年のものを開くと、赤線がたくさん引いてありました。図書館員からするととんでもないことでしょうが、私は感動しましたよ、その本を見て。みんなして手垢がつくほど読み、赤線を引き、この本を頼りにわが町の復興をやろうじゃないか、とやったんだなぁ…と。本がそういう顔をしているんです。玉井先生が言うとおり、若い人も戦争から帰って来た人も、必死になって見たのかなぁと思いました。図書館に行くとそういうふうにおかしなところで感動できます。それで、徐々に図書館に魅かれるようになっていったのです。

図書館に感謝―『伊能忠敬測量日記』との出会い

今から十一年前に、古巣、多摩中央信用金庫（現・多摩信用金庫）を辞めました。辞めた理由はいろいろありますが、ひとつには全国を回りたかったのです。信用金庫は全国の都市に当時は確か三五〇ぐらいありました。私は、多摩中央信用金庫でお世話になりましたが、全国の信用金庫の皆さんにも多くのことを教えてもらいました。そのお礼をしたかったのです。また、お礼と同時にどんなふうにやっているのかも知りたくて、巡礼というとカッコよすぎますが、信用金庫のあるところを回ってみようと思ったのです。現役中は、ルートを考えておいて休暇の時に出かけていたのですが、さて、金庫を辞めてみると、どこから行っていいかわからない、いつでも行けると思うとなかなか決まらないんですね。

しんきん（＝信用金庫）

信用金庫というのは、銀行とどこが違うかと申しますと、銀行は儲けようとする人やそれを使おうとする人がつくることが多かったのですが、信用金庫（昔は信用組合でした）は組合をわざわざ作って自分が利用するという立場ではない人、黙っていても銀行がお金を貸してくれそうな人が作るケースが多かったんです。自分のために作るのではなくて、世のため人のためです。また、立場上、創設に関わらなければならなかったようなケースもありました。武蔵野市、立川市などもそうみたいです。町長が動いた例は多いんです。

最初の頃は、その町へ行くとまず役所などに行っていました。そこで町のおおよそのことを知り、それから信用金庫の本店に行きまして、じっと眺め、外観を写真に撮り、合掌して帰るという具合でした。

　ところで、私が退職した一九九八年の翌年に、この『伊能忠敬の歩いた日本』（渡辺一郎著　筑摩書房　一九九九　ちくま新書）が出ました。参考文献に、千葉県が出した『伊能忠敬測量日記』が載っていました。千葉県庁に聞きましたら絶版でしたが、作った時に全ての県立図書館に送ったと言われるんですね。それで、山梨県立図書館に、初めて行きました。二階のレファレンスコーナーで聞きましたら、少し年齢の高い女性でしたが、閉架書庫へ行き、本を台車に載せてきてくださいました。「アレ、たくさんあるのかな」と思ったら、「お探しの本はこれです」と、一冊を取り出しましたが、ほかにまだ七冊もあるんです。「この本（『伊能忠敬測量日記』佐久間達夫校訂　大空社　一九九八）が隣にあったのですが、もしかして…」と言われます。一を聞いて十を察していただいたわけです。この本は、当時、大空社に電話が通じなくて手に入らなかったものでした。びっくりしました。よほど物欲しそうな顔をしたんでしょうね。「お貸しします」と言われました。登録もしていないのにですよ。利用者登録は即日受けてもらいました。

　その後、この本は在庫があるとわかって買うことができ、私の宝物になっています。『測量日記』には、伊能が十数年間に測量に行った先のことが書かれています。簡潔な日記ですが、いつどこを通ったかということがわかります。「これだ！」と思いました。「地図を作るのだから、一筆書きになっているだろう。このルートを辿れば迷うことはないじゃないか」と思ったのです。最初に申しました「自立の支援」がこれです。人生の第二か第三のステージの扉を山梨県立図書館のレファレンス担当の方が開いてくれたのです。伊能忠敬の日記を読むうちに、だんだん自分の道が見えてきました。

全国あちこちの図書館を訪ねて

伊能が最初に行ったのは奥羽街道を竜飛岬近くの三厩へ。そして北海道へ渡り、北海道南岸を測ります。根室を目指しますが、コンブ漁で忙しいと、船を出してもらえず断念して戻りました。一八〇〇年のことでした。昔の人は達者ですから大体一日十里は歩くようです。十里歩くと大きな宿があります。伊能一行はそこに泊まっているんですね。さて、私はカミさんにナビゲーターを頼み、車でその跡を辿りました。車ですと寄り道してもその五倍は行けますから、伊能宿泊地も適宜飛ばして行きました。面白いですね。伊能が泊まったところに信用金庫ができているのです。しかし、例外もありました。古河です。古河の図書館で探しまくりました。しかし、ありませんでした。パーフェクトというわけではないけれど、大体伊能が泊まったところには本店があったんです。それで、はまりました。

北海道にも面白い話がいっぱいあります。苫小牧は千人同心が開拓に行きましたので、八王子と姉妹都市関係にあるようです。そこから少し南下したところに浦河という町があります。浦河の市街は、ちょっと洋風で女子高生が似合うようなきれいな町です。そこの信用金庫本店の隣にある図書館で町史を見て、購入できるものかどうか聞きましたら、もう絶版ということでした。で、棚を見ましたら、『浦河百話　愛しきこの大地よ！』（グルッペうらかわ編　浦河町　一九九一）が何冊か並んでいました。立ち読みしたのですが、直感で「逸品！」と思いました。七人の人が手分けをして、延べ五百人に聞いた話を集めているのです。町史から題材をとってそれにまつわる話を、お元気なおじいちゃん、おばあちゃんに聞いて回ったわけです。誰ひとり断る人はいなかったと言います。

「手に入りますか」「絶版です。あるとしたら古本屋ですね」「古本屋はどこですか」「札幌です」「これは行けないな、どうしよう…」そしたら「お貸しします」と言われるんです。突然行った者に対してですよ。きっと物欲しげに見えたんでしょうね。ありがたくお借りしましたが、この本はどうしても欲しくて、後で手を尽くして入手し、宝物にしています。この本が立川市中央図書館にもあることは、後で知りました。

さて、全国信用金庫協会のみなさんにアフターファイブなどで「しんきん巡礼ばなし」をして

【資料１　源流地図】

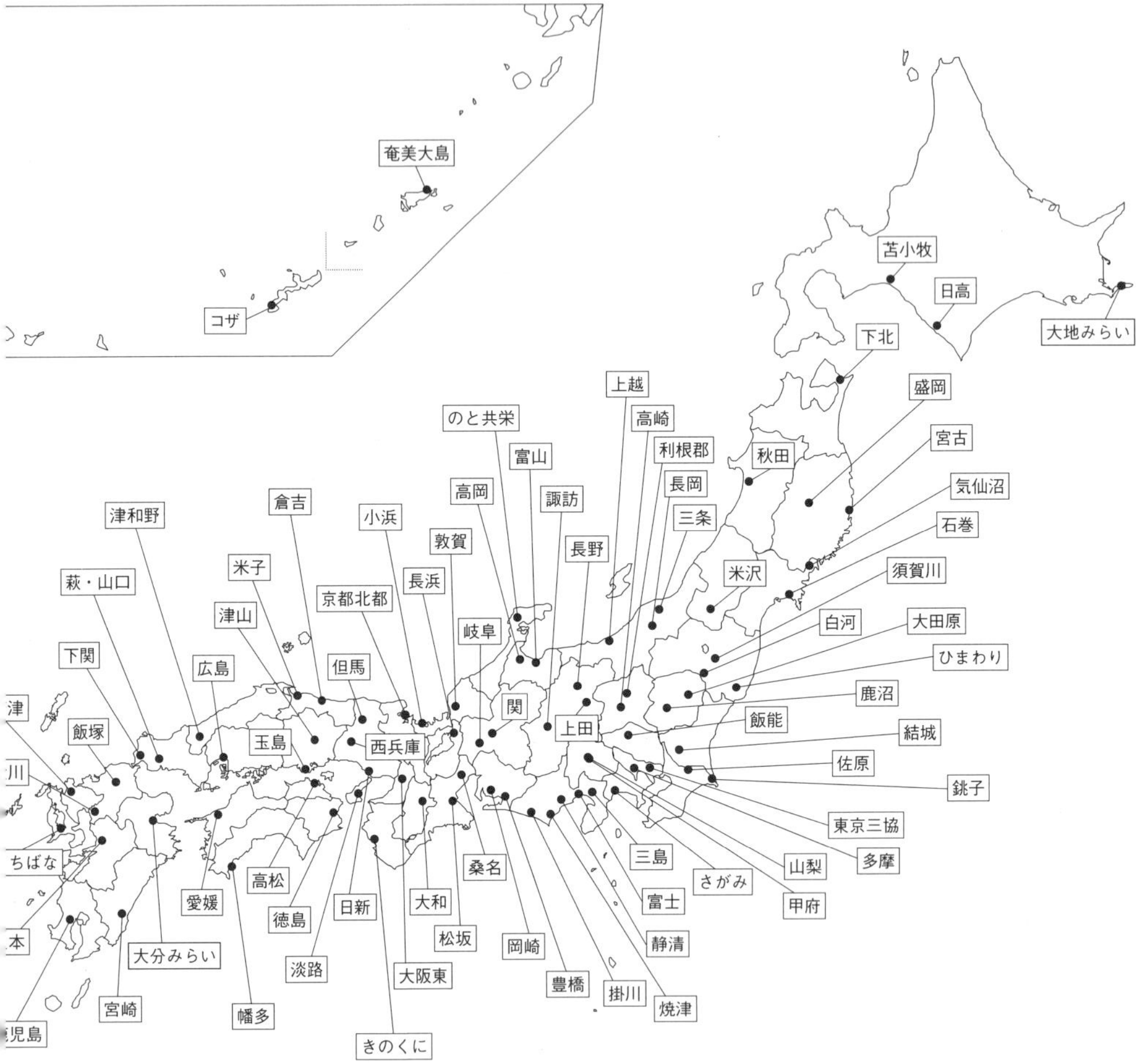

「信用金庫の源流」に連載の信用金庫

2004年4月から2010年10月現在。名称は、連載掲載時の信用金庫名（「信用金庫」は省略）。詳細は、次ページ【資料2】を参照してください。

【資料２　「信用金庫の源流」６年半(2004.4 ～ 2010.10）の足跡】

＊信用金庫名は、連載掲載時の名称（合併歴がある場合、この内の調査信金または信組）。現信用金庫名が掲載時と異なる場合、及び、現在の本店所在地が調査時と異なる場合は特記

調査都市 都道府県／調査市		信用金庫名 （「信用金庫」の文字は省略）	連載 通番	掲載誌 年.月号
北海道	苫小牧市	苫小牧	6	2004.09
	浦河町	日高	48	2008.03
	根室市	大地みらい（根室） 本店根室市	67	2009.10
青　森	大畑町・むつ市	下北（むつ市）	16	2005.07
岩　手	宮古市	宮古	5	2004.08
	盛岡市	盛岡	56	2008.11
宮　城	石巻市	石巻	15	2005.06
	気仙沼市	気仙沼	77	2010.08
秋　田	秋田市	秋田（秋田・土崎）	30	2006.09
山　形	米沢市	米沢	33	2006.12
福　島	いわき市	ひまわり（磐洋〈小名浜・植田〉・平）	14	2005.05
	須賀川市	須賀川	64	2009.07
	白河市	白河	70	2010.01
茨　城	結城市・筑西市	結城（結城・下館） 本店結城市	36	2007.03
栃　木	大田原市	大田原	12	2005.03
	鹿沼市	鹿沼	76	2010.07
群　馬	沼田市	利根郡	29	2006.08
	高崎市	高崎	71	2010.02
埼　玉	飯能市	飯能	18	2005.09
千　葉	香取市内旧佐原市	佐原 本店香取市佐原	13	2005.04
	銚子市	銚子	73	2010.04
東　京	八王子市・立川市・武蔵野市	多摩（八王子・多摩中央・太平） 本店立川市	22	2006.01
	新宿区	東京三協	62	2009.05
神奈川	小田原市	さがみ（小田原）	17	2005.08
新　潟	長岡市	長岡	7	2004.10
	三条市	三条	53	2008.08
	上越市	上越（高田・直江津） 本店上越市中央	65	2009.08
富　山	高岡市	高岡	21	2005.12
	富山市	富山	55	2008.10
石　川	七尾市	のと共栄（能登）	40	2007.07
福　井	敦賀市	敦賀	20	2005.11
	小浜市	小浜	68	2009.11
山　梨	甲府市	甲府	28	2006.07
	甲府市	山梨（甲府商工）	59	2009.02
長　野	岡谷市・諏訪市・下諏訪町	諏訪 本店岡谷市	4	2004.07
	上田市	上田	51	2008.06
	長野市	長野	69	2009.12
岐　阜	関市	関	11	2005.02
	岐阜市	岐阜	54	2008.09
静　岡	掛川市	掛川	34	2007.01
	焼津市	焼津	49	2008.04
	静岡市	静清	60	2009.03
	三島市・下田市・熱海市網代・伊東市	三島（三島・伊豆〈下田・伊豆《網代・伊東》〉） 本店三島市	72	2010.03
	富士市	富士（吉原・富士）	79	2010.10

調査都市 都道府県／調査市		信用金庫名 （「信用金庫」の文字は省略）	連載 通番	掲載 年.月
愛　知	豊橋市	豊橋	1	2004.0
	岡崎市	岡崎	61	2009.0
三　重	桑名市	桑名	26	2006.0
	松阪市	松阪	74	2010.0
滋　賀	長浜市	長浜	19	2005.1
京　都	宮津市	京都北都（宮津）	8	2004.1
大　阪	八尾市・東大阪市	大阪東（八光〈八尾・小坂〉・阪奈〈東大阪《布施・枚岡》〉） 本店八尾市	44	2007.1
兵　庫	豊岡市	但馬	23	2006.0
	宍粟市	西兵庫	52	2008.0
	神戸市内旧魚崎町・旧元町・灘区・明石市・三木市	日新（神港〈甲南《魚崎》信組・灘信組・神港信組〉・明石・三木） 本店明石市	63	2009.0
	洲本市	淡路	78	2010.0
奈　良	桜井市	大和	42	2007.0
和歌山	串本町・田辺市・御坊市・橋本市内旧高野口町・和歌山市・海南市・有田市	きのくに（紀州〈串本・田辺・日高〉・和歌山〈伊都・和歌山・内海〉・南海〈海南・箕島〉） 本店和歌山市	43	2007.1
鳥　取	倉吉市	倉吉	2	2004.0
	米子市	米子	75	2010.0
島　根	津和野町	津和野、現西中国 本店下関市	3	2004.0
岡　山	津山市	津山	25	2006.0
	倉敷市内旧玉島市	玉島（玉島） 本店倉敷市玉島	66	2009.0
広　島	広島市	広島	10	2005.0
山　口	下関市・同市内旧彦島村	下関（旧彦島信組）、現西中国 本店下関市	24	2006.0
	萩市・山口市	萩・山口、現萩山口 本店山口市	57	2008.1
徳　島	徳島市	徳島	38	2007.0
香　川	高松市	高松（旧高松信組・高松）	27	2006.0
愛　媛	松山市・今治市・八幡浜市・伊予市	愛媛（愛媛〈松山・今治〉・八幡浜・伊予・三津浜） 本店松山市	32	2006.1
高　知	四万十市内旧中村市	幡多	45	2007.1
福　岡	飯塚市	飯塚	9	2004.1
	大川市	大川	50	2008.0
佐　賀	唐津市	唐津	35	2007.0
長　崎	諫早市	たちばな（諫早）	37	2007.0
熊　本	熊本市	熊本	46	2008.0
大　分	別府市	大分みらい（別府）	41	2007.0
宮　崎	宮崎市	宮崎	31	2006.1
鹿児島	鹿児島市	鹿児島	39	2007.0
	奄美市	奄美大島	58	2009.0
沖　縄	沖縄市	コザ	47	2008.0

いましたら、酒の肴ではもったいないと、「信用金庫の源流」という連載が始まりました。私は、是非「しんきん百話」を作りたいと思いました。

前に申しましたように、最初の頃はまず役所へ行っていましたが、ばらつきがあって、必ずしもよい資料が出てこない。現在の資料はあっても過去のは少ない。それから、担当者が市民以外へのサービスを面倒がる雰囲気を感じることもありました。そこへいくと、図書館はとてもオープンで、よそから来た人も分け隔てしないというのが通り相場です。それで味を占めるようになりまして、図書館にはどういうところにどういうものがあるのか、だんだん慣れたわけです。だいたい全国一巡していますが、次々に原稿にしなくてはいけないので、ドラマをみつけなければということになると、やはり現地に行くのがいいですね。そんなふうにして四年たちましたら、全国四七都道府県のほとんどを取り上げることになりました。今も続行しています。

2　公共図書館の地域資料

地域資料　私のジャンル

私が問題にしている地域資料のジャンルは非常に限られたもので、各都市の社会・経済・産業などの近代史です。伊能忠敬が最初に測量に出たのは一八〇〇年ちょうどです。それから十数年測量を続けましたが、私があらためて信用金庫の町巡りを始めたのは二〇〇〇年頃です。この二世紀の間に都市の暮らしや生業がどういうふうに変わってきたのか、特に第二次大戦直後までの一五〇年くらいのところを辿り、そこでなぜ、どういう人たちが信用金庫の前身組合をつくることになったのかを調べるようになりました。

地域資料を見る人

さて、本題です。

倉吉市立図書館での話です。倉吉では、戦前に同栄神社をつくったというんです。「同栄」というのは信用金庫とか協同組合の世界では合言葉のようなものでして、「共存同栄」ともいいます。この時、神社のご縁か、図書館のご縁かと思うようなことに出会いました。

新しいところに移転していた中央図書館に着いたのは夕方でした。入ってすぐカウンターで聞きました。「同栄神社はどこかわかるでしょうか?」聞かれた方もびっくりして、相談している様子でした。そしたら私よりは若い男性が声をかけてくれました。「同栄神社って、多分県信連のところにある神社で、そのことを書いた本がこの棚とあの棚にありますよ。写真が載っていて一方はカラーです」と書架へ連れていってくれました。たまたま図書館の人よりもお客さんのほうがよく知ってらしたんです。しかも、「暗くなるので私の車で送りましょう」と言ってくれました。ありましたよ。小さな神社でしたが、立札にいろいろ書いてあって、天照大神から始まり、信用組合の父、母と言われる品川弥二郎、平田東助の名前が出ています。昭和の初めに、がんばろうと組合員の気持ちをひとつにしようと祀ったのが今も県信連のお庭にあったんですね。私の古巣には大国魂神社の末社がありますが。

この方が帰りの車の中で、この本『共存同栄・倉繁良逸伝』（鳥取県信連友の会　一九九九）について、お知り合いの方に次々に電話して聞いてくれました。誰も持っていない、ということで別れたのですが、実にまずいことにお名前を聞かずじまいでした。たぶん地方紙の記者ではないかと思うのですが。翌朝一番に県信連の事務所に行き、神社の写真を撮らせていただき、その上で、「この資料は買えないでしょうか」と尋ねましたら、「県信連友の会で発行していますが、ここは売るセクションではない」とおっしゃって、合併してなくなる『農協史』正続二冊と件の『共存同栄』を「差し上げます。どうぞ、お持ち帰りください」というわけです。嬉しかったですねぇ。帰って読みました。私が知りたいことがたくさん書いてありました。これはやっぱり神社のご縁、図書館のご縁でございました。

図書館の地域資料というのはどういう人が見るんだろうと改めて考えると、いろんな人が見るわけですよね。議員さんが見るというのはわかります。その支持者も見るはずですね。オンブズマンと言われる人たち、研究者、記者、あるいは自分で勉強している人。別の切り口で言えば、高齢者がいる。主婦ももちろん、学生、生徒、児童もいます。それからサラリーマンもいます。これからもっと増えるだろうと思われるのが自営業者です。事業のヒントを得るには、地域の資料が大事、と私は言っていますが、見方によっては、図書館にはヒントがいっぱいあります。

もうひとつは「観光」という見方をしたらいいと思うんです。図書館が観光案内所だと言うとお気に召さない方もいらっしゃるかもしれませんが、私が言う「観光案内」というのは、バスに乗ってドーンと行って歌を歌って帰ってくるというのじゃなくて、例えば「リピーターになる」ということです。特別に風光明媚というのではなくても、なんだか気持ちが休まるというところには繰り返し行きたくなります。その次は滞在してみようとなって、短期・長期に滞在し、最後は定住する、ということにもなりますね。私もそのひとりで、住民票も移してしまいました。ここなんです。地域資料をきちんとおいていると、人を呼び寄せられるということです。

それからもうひとつの切り口で言えば、今現在元気な人が利用するだけじゃなくて、地域資料はこれから生まれてくる人、未来の人が見るものでもあると思います。これをきちんと揃えておく必要があります。この人たちにとって地域資料というのは、非常に大事だと思うのです。

地域資料の種類

安江明夫氏の『公共図書館と協力保存（多摩デポブックレット No.1）』でも出てくるのですが、図書館資料は、一般蔵書と特別蔵書とに大きく分かれ、地域資料はその地域に固有の資料ということで、特別蔵書になるそうです。刊行物・印刷物になっているものもあるし、手書きのものもあります。公文書・行政資料、地域に関する写真などもそうですし、地域の人の作品も地域資料の中に含ませるというところが割合多いようです。そのように、自分の地域に関連する資料を扱うというのが一般的ですが、もうひとつは「比較地域資料」とでも言いますか、あるテーマに関する他所の地域の資料を揃えることも重要ですね。

例えば、甲府市立図書館には全国の主に県庁所在地の市史や刊行物があります。また、山梨県甲斐市竜王町には、静岡の資料がよく揃えてある素敵な甲斐市立竜王図書館があります。山梨は富士川などによって静岡との関係が深いので、そういうふうに揃えていただくとありがたいです。

次に、ちょっと耳慣れない資料だと思いますが、「商業登記簿」も大事な資料だと思いますのでお話しします。商業登記規則第三四条に「登記所は、登記簿を次の区分に従って保存しなければならない」とあって、登記簿は永久保存ですが、閉鎖した登記記録は、閉鎖した日から二十年間となっています。和歌山県の田辺市に行った時に、登記所で閉鎖記録の謄本を請求しましたら、この条文のコピーを見せられて、ないと言われました。無念でした。立川なら立川の産業・経済を研究するときに、例えば大正から昭和にかけてどんな会社があって、誰がやっていたかというのは貴重な情報です。それが、昭和三九年の法務省令（規則）によって残さなくてもよいということが起きうることになっていたのです。帰ってきてから全国信用金庫協会に行きまして、全国の信用金庫の登記簿謄本は今のうちに集めて保存するようにと進言しました。立川の登記所でも廃棄されていると言われました。図書館にはぜひ謄本をとって残してほしいと思います。一級の地域資料ですが、失われる危険性があります。

地域資料の供覧

多くの図書館で出会うのは、まさに「愛郷」の人たちです。表情は控えめですが、ご自分の町への思いは強いと感じさせていただくのはしばしばです。また、だからでしょうか、応対してくださる人は、「うちのことを聞いてくれる。遠くから来て、うちの資料を見てくれる」と迎えてくださいます。

萩市立図書館で信用組合の父と言われる品川弥二郎の伝記などを探した時のことです。品川弥二郎は、お父さんが萩藩の下級武士だったので藩校に入れてもらえなかったようです。そこで藩士の佐々木古信の寺子屋または私塾に行き、了えてから松下村塾に入りました。

ところが図書館の開架には、吉田松陰の文献はたくさんありましたが、品川弥二郎の資料はいくらもないのです。そこでカウンターで聞きました。そしたら若い女性が三人、閉架書庫へ行って「これはどうでしょう」「これも関係ありますね」と、競い合うように出してくださいました。さらに、市史編さんの先生を紹介していただきましたので、早速行きましたらコピーを用意して待っていてくださいました。

板柳町は、青森県の津軽、十三湖のほうに行く途中にあります。田んぼとリンゴ畑の中にどうして信用金庫ができたんだろうと思いまして、町立の図書館に行きました。なかなか調査がはかどらず手間取っていましたら、「別棟ですが、調べている方がいます。行かれるなら連絡してみます」と電話をしてくださいました。そうしたら、大字、小字までを調べて、町の地名辞典のようなものができていました。もちろん歴史も書いてありまして、昔は川筋で、水運が盛んな時には五所川原よりも栄えたとありました。その頃は商人の町だったわけですね。ここはまだ「源流」には書いていませんが、是非取り上げてみたいところです。

秋田県の能代は米代川の河口にあり、秋田杉の積出港で栄えたところです。ここでも専門家の先生を紹介してもらいました。こわい先生でしたが、能代の信用金庫が雄物川の川筋の大曲（花火で有名なところです）の信用金庫に合併したことについてお聞きしましたら、鋭いご見解をいただきました。

次の八幡浜市民図書館。高知もそうですが、「市民図書館」という館名には、市民の役に立とうという思い入れがあるのでしょうね。八幡浜というのは、四国の松山の南の方にある古い町です。昔は東の大阪、西の八幡浜と言われるほど賑わったそうです。瀬戸内海からの荷物を外海の船に、また、外海からの荷を瀬戸内海の船に積み替えたんですね。ここに大きな問屋さんが次々にでき、文化も盛んで、俳人・歌人などもたくさん出たそうです。図書館に行きましたら、館内では年長の女性がカウンターにおられ、手元に手づくりの文献ノートがあるのです。それを見ながら一緒になって考えてくれました。カードや画面で見るよりもずっとよくわかるんです。それで、いろいろ教えてもらって、手際よく史料を参照できたので、感謝感激でした。その時見せてもらった中に『八幡浜市史』という分厚い本がありました。お手頃価格でしたので買いました。

八幡浜の信用金庫は、後に松山に本店を置いていた愛媛信用金庫と合併しましたが、旧八幡浜信用金庫についてこう書いてあります。「愛媛信用金庫は一九〇六（明治三九）年に設立された八幡浜産業信用組合が前身で、一九二三（大正一二）年には市街地信用組合の認可を受け、一九四三（昭和一八）年、八幡浜信用組合と改称した」と。文法的には主語が愛媛信用金庫で、認可も改称も愛媛信金のことのように読めて変なのですが、これを読みますと市史を書いた人の気持ちがわかるような気がしましてね。この信用金庫は万止むを得ず合併したけれど、「持って行かれた」という気持ちなんでしょうかね。

佐原市（現・香取市）は、伊能忠敬の記念館があるところです。中央図書館へ行って佐原の商業史などを調べました。ここは、大事な郷土史料をガラスケースに入れていましたが、すぐには読みきれないような厚い資料を、やはり女性の方でしたが、「どうぞお持ち帰りください」と言ってくださいました。よほど物欲しげな目だったのかもしれませんが、臨時の貸出カードを作ってくださいました。そのカードは今でも記念に持っています。

石川県七尾市の旧中央図書館は、ポピュラーな資料は駅前ビルの中の新館に移し、古い資料だけを残してあるということでした。話をしましたら女性の職員が階段を駆け上がって小さな本を持ってきてくださいました。明治と大正の町史の復刻（電子複写）版でした。七尾の信用組合のことがちゃんと書いてあって、しかも「公共団体」という分類がしてあるんです。昔の人は分類の目がいいですね。官公署は別です。信用組合は公的な団体というジャンルで、株式会社は後ろの方にあり、銀行は更に後ろの方にあるのです。この分類は素晴らしいと「源流」で全国に紹介しました。また、二階には市史編さん室があり、その方が編さん室の人を連れてきてくださいました。そしたら、町史の信用組合設立関係者名を見て、これはどこの人とみんなわかるのです。そういうふうに、図書館の人にいただいた気遣いで、いろんなことが短時間でわかりました。

静岡の掛川は日本で最古の信用組合があるところです。掛川市立図書館に行きましたら、『郷土誌くらみ』という本がありました。市内倉真（くらみ）は、昔は村でしたが、ここから大変な人が生まれているのです。図書館の人が奥付を見て、「確かまだお元気なはずだから」と連絡してくれました。「その本は、今はお寺に置いてあって手元にない」と言われ、こんどは編集代表の人に電話してくださいました。この日宿泊予定の旅館への途中のお宅だったのでお寄りしたら、「よく来てくれた」とその本をくださったのです。知りたいことがたくさん書いてありました。

掛川信用組合の初代組合長岡田良一郎は二宮尊徳の四大弟子の一人といわれています。その息子さん二人は文部大臣になりました。一人は三回文部大臣をやり、もう一人は文部大臣と法務大臣をやりましたが、お父さんはたいそうな英才教育をやった人です。その人の祖先が倉真村の家を傾かせてしまったのを、良一郎の父・佐平治が立て直すのですが、村長さんの家柄だったからでしょうか、「家を立て直す」ということが村を立て直すことに繋がるようでした。佐平治は二宮の教えが大事だということに気づき、実践を重ねました。いただいた本の発行は「倉真財産区」となっています。今の集落＝地区と重なっているかもしれません。その財産区が豊かなので、こういうものもできたのでしょうか。

次は、残念な事例なので館名は出しません。

ある図書館に行きましたら、地域資料は閉架だというので、中に入れてくれないかとお願いすると、「カードで調べてください」と。カードだけではわからないので、せめて背表紙だけでもと言ったら、「館長に聞いてください」と言われました。ところが館長には聞き流され、近くでコピーにとって赤線を引いて調べている方を指して、「あの人の読んでいる本がいいですよ、お持ちしましょうか」と言うんです。驚きました。私が何を調べたいのか、どういう資料を見たいのかを何も聞かないうちにわかっていたんでしょうか。名刺もくれましたが、「嘱託館長」と書いてありました。

もうひとつ、ある市の図書館に行きました。そうしたら開館時間より五分か十分早く着いちゃったんです。鍵が開いていたので中に入りました。すると、男性と女性二人の職員が楽しそうに話をしていました。「すみません、ここの信用金庫の資料がもしかしたらこちらの図書館にないでしょうか」と聞くと「地域資料は二階です」と言われましたが、入れてはくれないのです。

二人で二階に行きましたが、間もなく帰ってきて「ありません」。ないはずはないと思いましたが、ほかの資料も出てこない。しょうがないから引き下がりましたが、思い直して信用金庫の元本店に行ってみました。事情をお話ししたら、「図書館にもあると思いますけれど、どうぞお持ちください」と一冊の本を出してくださいました。この図書館には萎えました。

地域資料供覧についての希望

地域資料を閉架にしているところ、また、ガラス扉付の書架に入れて施錠しているところは多いです。しかし、これは見るのに大変困ります。開架であれば、どんな資料かがすぐわかるし、ついでに見られるといういい効果があり、関心を持つ人が増えるでしょう。愛郷の人が増えることになります。私は地域資料こそ開架で貸出可にしてほしいと思います。刊行物だったら複数所蔵し、一冊は保存用、もう一、二冊は誰でも借りられるようにしておけば、自分の市も売り込めると思います。一点ものだったら複製を作っておいてもらいたいものです。著作権法上の問題をクリアしていない場合は、著作権者の了解を得ればいいのではないでしょうか。ベストセラー本ならば閉架書庫でもよろしいと思いますが、地域資料は表題や書誌では内容がわからないことが多いのです。ユニークなものほど実際に中を見ないと内容がわかりません。

例えば、『いわき商業風土記』（斉藤伊知郎著　坂本紙店　一九七三）です。これには素晴らしいことがたくさん書いてあるんです。これを書いた人、本にして発行した紙店さん！、いずれも愛郷の人たちです。紙店を訪ねましたら発行人の坂本昌蔵氏は亡くなられていましたが、お嬢様（店長さん）がいらして一冊頂戴してしまいました。これには、坂本氏が信用金庫の理事長さんであったことがわかったという後日談があります。

もうひとつ、沖縄市立図書館へ行った時、地域資料が二棹ぐらいありましたが、その最後のあたりに、この『西田文光伝』（西田文光伝刊行会　一九八九）が置いてありました。あれっ、この人は確か…と思って立ち読みしたら、いろいろ出てきました。信用組合の初代組合長であった人の伝記です。カウンターで入手できないか聞きましたが、「あるとしたら信用金庫でしょうね」と言われました。普通は信用金庫には寄らないのですが、この時はたまたまアポをとっていたので寄りました。応接室にこの本が置いてあったので事情を申しあげましたら、「お持ちになりますか」と言うのでありがたく頂戴してきました。大部なもので、紙誌の記者の方などが中心になって書いているようなのですが、徹底した調査をしているのですね。素晴らしい内容でした。嘉手納基地前の町の自治への協同を西田文光の生涯を通して描いた、町の自治史と、私には読めました。「信用金庫の源流　47」（二〇〇八年二月号）に「気概の人の生涯を描きつつ、新興都市コザ（後、沖縄市）の自治への協同を記録する入魂の書である」と使い慣れない言葉で書きましたが、この本の出来映えをそういうふうに感じたのです。沖縄というところは他所から行きますと神経を使うのですが、精一杯やりまして、「源流」のこの回は自信作です。

地域資料の収集、保存・集積

地方で人物を調べる時に欠かせないのが、『人名録』『人事興信録』の類です。これは、『山梨人事興信録第三輯』（甲府興信所　一九四〇）です。甲州街道台ヶ原宿で開かれていた骨董市で二百円で入手したのですが、どこかの蔵が開いたのでしょう。山梨県立図書館は地域資料が充実しているので、よく調べに行くのですが、そこで「これを二百円で買いました」と話しましたら、「うちでほしい！」と。ちょっと嬉しかったですね。しかし、「蔵が開く」という情報は、県立はともかく、市町村立なら事前に入手できるのではないでしょうか。そうであれば、古本屋さん、古物屋さんが来る前に図書館が行かなくてはと感じました。

地域資料の収集・保存は、公共図書館の必須の仕事というか、使命、責任だろうと思います。それはやればやっただけ結果が出ます。「一人は万人のために、万人は一人のために」と、今から二百年近く前にヨーロッパのあちこちで言われたようですが、これをラグビーや協同組合だけでなく、図書館でもいかがでしょうか。
また、市史編さん室は図書館の近くにあるといいなぁ、と思います。

「一人は万人のために、万人は一人のために」
最近、「万人」という訳語は重過ぎると思うようになりました。「一人ひとりがみんなのために、みんなが一人ひとりのために」くらいでしょうか。（後日追記）

まとめにかえて

図書館には大きく分けて、「歓迎（型図書）館」と、「監視（型図書）館」があると思えます。「監視館」というのは、何か悪いことをするのではないかと常に見張っていて、例えば携帯電話をポケットから出しただけですぐ注意されます。「歓迎館」というのは「オアシス」で、地域資料も開架の傾向です。来た人に分け隔てなく接する、教養があるということでしょうか。そういうのは、カウンターで館員と利用者のやりとりを聞いていると大体わかります。感じの良い静かな笑い声が聞こえます。満足感、成長感からくる笑いです。「日本人の笑い」などを研究された世良正利先生は、笑いは異質性（成長）の発見によるとおっしゃっています。前の自分と今の自分がちがう、そのことが「成長」ということなんだそうです。それに気がつくと「笑い」が生まれ、同質性の発見では涙・同情ということだそうです。だから、よい笑い声が聞こえるというのは利用者が成長しているということなんだろうと思います。

また、図書館は地域の案内所・情報センターであり、究極の観光案内所です。地域の人のための案内所であると同時に、外部への地域の案内所なのです。そこが「歓迎館・教養館」であるかどうかは大きな問題です。迎える心があるかどうかは、例えば、貸出カードの扱いにも現れます。合併前の現・北杜市の大泉町、武川町、白州町は、住民登録も職場もないのに貸出カードを作ってくれました。長野県の富士見町、山梨県立、甲府市、甲斐市もそうです。須玉町は私の友人夫妻が、住んではいるけれどまだ住民票を移していないうちに気持ちよくカードを作ってくれたと、とてもいい印象を持っていました。他所から来た人はそのことをとても感謝しているのです。

引っ越した後は、市内に勤務先でもないと、四十年来利用し続けてきても貸出カードを持てなくなるという市もありますが、そもそも図書館は、利用したい人にはオープンにするのが役目ではないでしょうか。都市（まち）は人が集まるから都市（まち）。人が集まらなければ、去っていけば、都市（まち）も都市（まち）ではなくなるのです。都市（まち）は人を招くから都市

（まち）、人を受け入れるから都市（まち）なのです。図書館も同じだろうと思います。図書館は人を招くから公共図書館、人を受け入れるから公共図書館なのです。その都市（まち）のファンを増やすこと、それも公共図書館の任務ではないでしょうか。それこそ、究極の観光案内だろうと思うのです。

最後に、この『１９５５　三多摩大観』（北農新聞社編　一九五四）を紹介させてもらいます。この本には、一九五三年頃の多摩の様子が一覧できるようないろんなことが載っています。多摩地域でこの本の所蔵をＯＰＡＣで検索してみると、昭島、小平、八王子、多摩、三鷹、府中、狛江、武蔵野、国立（各一冊）、小金井（二冊）です。多摩のすべての自治体の中央館には一冊ないし二冊、公民館や高等学校の図書室にもぜひ置いてほしいものです。

そう考えると「復刻」ということも共同保存のひとつの方法なんじゃないかと思いますね。この本は復刻の対象になるかもしれません。

とりとめのない話で恐縮ですが、この辺で…。

（2）小平市から発信する

――地域資料サービスと資料保存――

蛭田廣一

はじめに

はじめまして、蛭田廣一です。

私は一九七五年に小平市に採用され、図書館に配属されました。多摩の他の図書館にならって小平も新しい図書館活動を始めようと、「司書資格を持つもの」という条件での採用試験が一九七四年と一九七五年の二回だけ行われ、図書館に勤めることになりました。二〇〇八年三月までの三三年間、小平市立図書館で司書として働いてきましたが、その中から自分が担当した仕事を通して経験してきたことについて、お話ししたいと思います。

小平市は、多摩地域二六市の中で図書館が設置されたのが二四番目なんです。その中で地域資料担当ということで、最初は、非常に戸惑いがありましたが、三多摩郷土資料研究会（以後、「三郷研」と略）の存在が大きな救いでした。たまたま一九七五年一二月に地域資料担当の人達が勉強をしようと集まることになり、私も館長に勧められて参加するようになったことが、今につながる第一歩でした。多摩地域には人材があり、意欲があり、連携があり、啓発の機運が醸成されていたんですね。日野、調布、府中、町田などが先進的な活動でひっぱってくれ、また小平のような新参者でも議論の輪の中に入ることができ、初心者の意見もあたたかく聞いてくれました。そういったことに多摩地域の図書館の発展が支えられてきたのではないかと思います。

古文書整理につきましては、急遽設計変更をして作った古文書の書庫が仲町図書館にあり、そこに収蔵される予定だったのが東京都指定文化財になっている「小川家文書」です。その担当が私で、開館後の慌ただしさが一段落した夏休み明けの九月から整理にかかりました。

地域の図書館には、基本的にその地域に一冊しかない資料、あるいは時間が経って入手できなくなった資料などもたくさん蓄えられているわけです。ネットワークを組んで互いに協力し合って初めて地域資料というのは機能するので、自分の地域のものは責任をもって集め、残していかなければならないと思います。それができなければ研究者のニーズに応えることはできないので、地域資料の保存の問題も避けて通れません。

行政資料を集めて、開架に出して利用するだけではなく、例えば長期総合計画は行政資料の中心です。これによって、行政計画が推進されるのですから、何十年経っても、見ること研究することが保障されなければ、地域研究などができないはずです。このような資料を残すためにどうするかということを考えた時、利用に十分な冊数を収集し、その上に将来的に必要な部数を確保する。そして保存用は中性紙の箱に入れるなどして保管しておき、利用用が壊れたら差し替えて提供する。そういうことができて初めて「利用のための資料保存」ということが実践できるのです。

三郷研の中でもそういった報告は何度もしてきましたし、当時から係わっている人達は、「資料保存」という意識も持ちながら地域資料の業務を担ってきたはずです。三郷研には、都立図書館の担当者もずっと参加してきているので、先ほど報告があったような状況（多摩地域資料も一点のみの収集として都立中央に移管し、複本は処分する）が起きているのがとても残念でなりません。多摩地域の各図書館で財政規模も小さく、小さな書庫しかないところでさえ、いつまでも利用を保障していこうと、複本収集・資料保存という手当てを心がけ、その図書館なりに営々と努力して資料を残すというサービスを展開してきたはずであり、今後も図書館が図書館である限り、資料提供の責務は未来永劫にわたって担っていかなければならないわけですから、地域資料を都立図書館のひとつの柱として、ぜひ位置づけてもらいたいと考えています。

1 「小平市第三次長期総合計画・前期基本計画」と図書館サービスの位置づけ

小平市立図書館の司書として私が一番こだわっていたのは「長期総合計画」でした。
それまでの「第二次総合計画」（一九八五年）に、かろうじて入っていた図書館の項目が「地域資料」です。地域資料については責任を持って収集し、保存体制をとっていくのだということをうたっています。その関係もあって、図書館の中では優先的に地域資料に予算がついてきました。十年後に「新長期総合計画」を作りますが、その中でも同じ位置づけでした。担当者としてこだわって図書館でオーソライズしてもらい、市の行政計画の中でも認められたわけですが、実はそれでは不十分だったのです。図書館サービスとしては地域資料だけが大事なのではなくて、図書館サービスを全体的に位置づけていかなくてはならない。それが課題であり私自身責任を感じていたところでもあります。それで、次の第三次長期総合計画では、管理職の立場でもありましたので、全面的に企画政策課と議論しあい、次のような文言を入れてもらうことができました。

【本計画における基本方針】

1　市民や利用者にとって便利で頼りになる新しい図書館サービスとして、図書資料や地域資料などの充実とともに、レファレンスサービスや児童サービスを、図書館の基幹的なサービスとして位置づけます。

2　さらに、情報技術を駆使した図書館の情報機能の充実や情報基盤の整備を促進するとともに、学校図書館との連携を進めます。

3　また仲町図書館については、近隣の仲町公民館との建替え時期にあわせて施設の統合化を行い、情報技術により利用者の創造性をより高めていきます。
4　今後、地域に関心が高まることが予想されるなかで、現存する貴重な資料を整備し、提供することにより、小平市史の編さんを支援するなかで、貴重な歴史や文化を記録し、広く理解してもらうことを進めます。

この内容は、当然、行政内部でも議論され、議会で承認されましたが、図書館政策がこのような形で行政計画にきちんと入っている自治体は、そう多くはないだろうと思います。長年図書館の仕事を経験する中で、まず基礎のところを固めた上で実施計画の展開が図れるのだと感じていましたので、その基礎固めの仕事をさせてもらったわけです。

2　小平市立図書館における地域資料サービス（資料の所蔵数は、二〇〇九年三月三一日現在）

（1）古文書整理

ア　古文書目録　一九冊・二一三家　二七、三〇五点

特に近世地方《じかた》文書—名主や村役人、寺社といった資料—を持っているだろうと思われる家の資料については徹底的に調査をし、再整理をさせていただきました。

イ　史料集　三〇冊

古文書目録だけでは中身がわからないわけですから、古文書のくずし字を解読して史料集を作りました。こうして広く頒布することによって、小平市内だけではなく、歴史研究者の方々にも使ってもらえるようになり、あえて研究を頼まずとも小平の研究が次々と行われるようになったのです。

現物は一点しかないわけですから、文書館や博物館で史料そのものを見るのは大変です。大学時代に、古文書を見せてほしいとある博物館に行ったら、「大学教授の紹介状があるのか」と言われました。当時はそれが常套句で、そういう言葉しか返ってこない世界でした。いまだに北陸のある県立図書館では、一週間前までに予約をしないと閲覧は不可能です。確かに貴重な史料ではあっても、そういう閉鎖的な運営をしていたら、その組織は長続きしないと、ずっと思っていました。博物館等はどんどんアウトソーシングが進んでいますが、所蔵史料を展示するだけなら、直営の必要があるのかということが問われているわけです。

私は、目録を作ると同時に資料そのものを研究できる体制を作らなければ、目録を作った意味がないと思っていました。その図書館にどんな資料があるかわかってもらうために目録を作るのであって、その目録に載っている資料には利用請求があって当たり前。だからこそ目録を作る意味があるのです。そのことを古文書の世界でも実践しなくてはと思い、目録作業と同時に電子式複写（以後、「コピー」と略）をとりました。強い光によって資料が傷むというので、古文書の世界ではコピーをとらないようにと言われていました。しかし、度重なる資料要求で、ひとつの資料を繰り返し利用して傷めることになるのだったら、利用を前提に最初からコピーをとった方がいいと思ったのです。原本をA３でコピーしたものからA４両面コピーにして製本をし、目次をつけて開架に出しました。

どういうことが起こったかというと、目録も現物のコピーも開架にあるわけですから、学生たちも自由に調べることができるわけです。大河ドラマの時代考証をやっておられた竹内誠教授からも「全国のいろんなところを見てきたけれど、こんなに使いやすい環境はない」との評価をいただき、「小平の図書館でゼミをやらせてくれないか」ということにもなりました。そのご縁で今、市史編さんに学芸大学の大石学先生に係わっていただいています。そういう先生方の宣伝のお陰で、やはり古文書でも後生大事に抱えるだけではなく、使えるようにすることが必要だという考えが広がりました。近世史の研究に小平の史料集は欠かせないというところまできています。そういう中で、図書館は資料を公開し、利用するところだということが実証されていくのだろうと思います。

ウ　保存対策

古文書に限らず一般図書、行政資料についても同じです。

(2) 一般図書・行政資料　六一、二七七冊

地域資料は一般図書・行政資料が中心になるにしても、いろいろなジャンルの資料があることに気がつき、それをひとつずつ着実に広げていきました。

(3) 特別文庫・特殊コレクション　二一、〇四九冊

市内在住の久下司というコレクターから持ちきれなくなった資料の寄託を受けたことから始まりました。久下氏が亡くなられた後、寄贈されて図書館の資料になっています。もうひとつ、明治大学で歴史を研究され、「関東近世史研究会」を主宰されていた伊藤好一先生のコレクションがあります。小平では古文書とともに近隣の市史・史料集を徹底的に集めていて、それらと一体的に利用できるということが歴史研究者の方々に評価されています。伊藤先生が『小平町誌』の編さんに関わっておられたこともあり、先生が亡く

なられてその資料をどうしようかとなった時に、こぞって小平に受け入れてもらおうという声が出たということです。そこで明治大学の高島緑雄先生が代表として図書館に相談に来られました。貴重なコレクションなので市長決裁をとって受贈しました。書庫問題が厳しくなってきていましたが、ともかくダンボールに入れて保管していました。やがて日の目をみるだろうという思いがありながらも人手がさけず、しばらくは平積みのままでしたが、何とかしたいと一計を案じました。関東近世史研究会の人達に働きかけ、整理を手伝ってもらったのです。彼らは月に一回研究会を開き、数年かけて目録を作成してくれました。そこまでしてもらったからには図書館の責任は重いです。花小金井図書館が都市計画の関係で移転した後、不要になった書架を中央館に運び込み、特別文庫室に入れて配架にこぎつけました。いろんな人の協力をどう得ていくのか、その資料をどう役立てていくのかというビジョンが描ければ、意外と道は開けていくものだということがこういうところからも見えてくると思います。

(4) 地図

東京の範囲では、現代の地形図だけでなく古いものも遡って集めました。そのほか、路線価図、都市計画図、史跡めぐりの簡単なイラストマップのようなものも含め、いろいろな地図が出ていますが、できるだけ集めました。もうひとつ、今、市史編さんで大変役立っているのですが、役所が持っていた公図があります。課税課で使ってきた歴史的な公図ですが、当時は和紙を貼り合わせたものでしたからそれがバラバラになって、「もう捨てるしかない」というのをもらってきました。パズルのようにつなぎあわせ、表具屋さんに裏打ちをしてもらって掛け軸として仕立て直し、巻いて保存することにしました。そうすれば折り目もつかず、広げればもとの形で使えるのです。それを見て、役所で原課の予算で図書館と同じような手当てをするようになり、しかも事前にマイクロ化するようになったのです。そして保存は図書館で責任を持つようにとマイクロフィルムごと図書館に寄贈されました。小平市の業務の中で何か問題が起きた時、道路課、用地課、あるいは市民課とか、役所の中でも様々な部署で公図は必要になってきます。そういう時に、まさに「図書館は本当に役に立つ施設だ」という意識づけができれば大成功だと思っています。

(5) 学校関係資料

学校関係の資料もそうです。学務課や指導課が責任を持って全部集められるかというと、市内の学校でどんな資料が出ているかを全体的には把握しきれていないのです。そういうものを集める作業をやりました。予算はいらないけれど、人手は必要です。ある時期、退職校長さんを東京都が再雇用するのでその方達の仕事の場を提供してくれないかという話がありました。地域資料としてとても大事な学校関係資料に詳しい人が来てくれたら絶対成功すると思って来ていただきました。学校の年間スケジュールもきちんと把握してその時期に寄贈依頼の文書を出し、市内全域の学校の資料を徹底的に集め、それからずっと各学校の基礎的な資料は図書館に寄贈される、というルートができました。

(6) 新聞記事の切り抜き　五五、七一九点

朝日・読売・毎日・日経・産経・東京新聞等から、小平に関する記事の切り抜きをしています。

(7) 折り込み広告　五五、八九〇枚

新聞記事の切り抜きだけでなく、折り込み広告まで集めています。しかも分類を考え、日付順に整理して製本し、利用する環境を整えているところが他と少し違っているのではないかと思います。これについては、特に市史編さんの中で近現代編と民俗編の先生方が注目してくれていますので、役に立つ資料として使われていくだろうと考えています。

(8) 郷土写真　五三、三二三枚

ア　定点撮影…市内二一〇ヶ所の場所を決めて毎年定点撮影を行っています。

イ　テーマ別撮影…「自然」「建物」「暮らし」といったテーマを決め、定点撮影では漏れてしまう写真を撮っています。

ウ　写真の発掘と複写…市民に古い写真の提供を呼びかけ、複写をとり、サービスサイズに焼いて後ろにカードを貼り付けて、利用できる仕組みを作っています。

エ　デジタル化　一五、六二二枚…HPで公開・発信するためにデジタル化を進め、近々アップの予定です。

(9)　地域関係雑誌　五、六六三冊

タウン誌やミニコミなども地域研究に欠かせないものです。

(10)　パンフレット・ポスター　五、一四〇枚

いろいろなところで貼られたポスターも時期が過ぎれば捨てられてしまうものですが、きちんと集めればひとつの資料になります。小平学園の分譲広告なども非常に貴重な資料です。そういったものが残っていることによって生資料の持つ迫力・情報力が見えてきます。

(11)　市内在住著作者資料　二、四七二点

市内在住の方の著作物を集めてコーナーを作っています。地域資料からは少し離れますが、そういった著作者達こそ図書館の味方になって欲しいという思いも含めてこういう取り組みをしていると、著作物を寄贈してくださる方もあり、幅広く資料を集める手立てとなっています。

⑿　その他

①視聴覚資料…広報課や文化財課で作っているビデオなど。
②博物資料…多摩移管百年の時に図書館で展示した模型など。

このように、地域資料というのは非常に幅広く、長年の努力と積み重ね、資料の組織化が欠かせない、ということを痛切に感じます。そして組織化の中でも一番大事なのは、きちんと目録を作り、利用できる状況を作っていくということに尽きるのではないかと思っています。

3　地域資料の出版・編集活動

⑴　地域資料索引の刊行　一九八九年～九一年

一番こだわったのは索引です。繰り返し利用される資料は、総索引を作って、どこにどういうことが書かれているか調べるための道具＝レファレンス・ツールを作っていこうというところから始まりました。

『小平事始め年表・索引（稿）』は、『郷土こだいら総索引』『小平町誌総索引』で得たノウハウを活かして、小平に関する年表が載っている本を百冊ちょっと集めて、その年表を全部時代別に排列し直しました。そうすると、小平で最初に電灯がついたのはいつなのかなど、小平に関する出来事の総合的な年表ができあがりました。出典も明記しましたので、原資料に遡ることもできます。

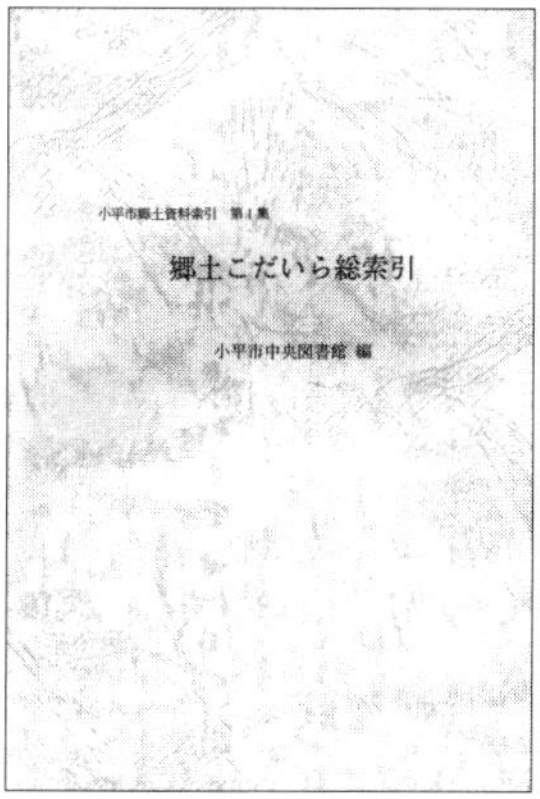

（2）『としょかんこどもきょうどしりょう』の刊行No.1～41

大人向けにはたくさん資料がありますが、子ども向けの便利な資料がないということで、月に一号ずつ編集しました。もとは手書きのものを四つ折にしたリーフレットですが、41号までまとまったところで本として出版しました。とても売れ行きが良く、あっという間になくなったので、ＨＰにも公開しています。このページは非常に好評で、蔵書検索と同じくらいのアクセスがあります。

（3）小平市教育史資料集の編集　二七冊、総目次

4　地域資料の情報発信

小平市図書館のＨＰの地域資料のページには以下の項目が載っています。

（1）新聞記事検索…一九七七（昭和五二）年～二〇〇二（平成一四）年の五〇、四〇六件の小平に関する新聞記事が検索でき、その後のデータ入力も進んでいます。

（2）こどもきょうどしりょう…先ほど述べたようにとてもよく利用されています。

（3）古文書コーナー…目録とその所蔵情報が表示され、予約画面につながります。古文書の

解題も見られます。『小平市立図書館の資料保存と古文書補修』も全文が載っています。

(4)刊行物案内…古文書や地域資料だけでなく、展示資料、図書館事業概要、子ども読書活動推進計画などにもリンクを張って案内をしています。

(5)地域資料分類表…三郷研で作った独自分類ですが、この項目をクリックするとその分類の所蔵資料が表示されますので、蔵書目録にもなっているのです。このことによって、予約にまでつながる仕組みを作りました。

(6)地域資料室マップ

(7)地域資料展解説

(8)小平市立図書館三十年のあゆみ…二〇〇五(平成一七)年の開館三十周年にあたり、それまでの小平市立図書館の歴史を年表風にまとめた冊子を作り、HPでも見られるようにしました。

(9)小平市立図書館事業計画と事業概要…市の中でオーソライズされていないために、図書館サービス計画や事業計画は内部資料扱いでした。この時代、計画に基づいて図書館が何をしようとしているのか、その結果どういう成果が得られたのかを表に出す必要があると考えました。それまでは事業報告と称しながら、統計数字しか出していませんでした。それを自分達の自己評価も含めてきちんと文章にまとめて出すことにしたのです。これは図書館として市民に事業を公開し、行政の中で、図書館というのはこういう仕事をしているのだ、という説明資料になります。議員さん達にも共有してもらう、という理念が教育委員会の中でも理解を得られました。毎年の事業概要は「心を豊かにする図書館をめざして」という新しいタイトルをつけて出しています。

その他、平成一七年三月に作りました「子ども読書活動推進活動計画」も全文公開していますし、ＨＰをどんなふうに運用していくつもりなのか、ということで「ＨＰ作成方針」というものも出しています。また、図書館協議会の会議の概要、協議会の提言、「図書館だより」も載せています。

5　地域の課題解決と地域資料

(1)　行政支援

市議会での一般質問ほど地域の課題を顕著に表している事例はないだろうと思っています。こうした事例を議会傍聴システムで聞きながら、図書館にある行政資料を活用できる道がないか、あるいは議員さんが紹介しているＨＰのコンテンツがどこにあるかを一覧にして、どうやったらＨＰで公開できるか等々研究をしてきましたが、残念ながら異動になってしまい実現できませんでした。

（２）生業支援　学校教育支援、ビジネス（地場産業）支援、子育て支援

（３）生活支援　医療・健康、福祉、法務等に関する情報

6　学校図書館支援

平成一四年一月、学校図書館懇談会を設置しました。

また、平成一六・一七年度には「社会教育活性化21世紀プラン」ということで、国からの補助金をもらって情報化の仕組みを整え、「小平市子ども読書活動推進計画」（平成一七年三月）も作りました。このことによって見えてきたのが、公共図書館がいかに目録も含め情報がきちんと組織され、提供されているかということ、学校図書館は国からお金をもらって営々と図書の充実に努めながら、蔵書管理ができていないかということでした。せっかく公共図書館に一二〇万冊の蔵書の書誌情報があるのだから、学校図書館一校を一分館としてローカルデータの付与をすれば、一括管理できます。小中学校二七校の全蔵書、二二万冊を一年で登録しました。こんなウルトラCができた理由は、図書館システムを活かした学校図書館システムを構築したということ、もうひとつは学校図書館に人を確保したことです。学校の協力を得て、先生方から声をかけてもらい、データ入力のボランティアを募ることが全部の学校でできました。大半の学校では三～四日で八千冊前後の蔵書のデータ入力ができ、オンラインで蔵書管理ができる環境が整いました。

一方で、学校図書館が閉まっている、特に中学校では使われていないという現実もありました。学校図書館にこそ「人」をつけなければならないのですが、企画サイドの「人件費はつけない」という方針が長年乗り越えられない壁だったため、「学校図書館相談員」という嘱託制度を作り、二人で分担して各学校を回って司書教諭の相談にのり、わからないことは図書館の担当が答えるという仕組みを作りました。これがうまく機能した結果、平成一八年一一月からアルバイトですが、「学校図書館協力員」という形で、中学校全8校に人を配置することができました。これは、国からの事業費を学校図書館活性化ということで図書館が手を上げてとったものです。企画課からは、国の予算がつく三年間は実証実験として認めるが、後は保証しないとクギをさされましたが、人をつけた評価は学校の先生とPTAから出てきました。自分達が苦労して作ったデータベースが使われている、中学生が図書館に来て本を読むようになった、平均より下だった学力テストの成績が上がってきたという結果が見え、読書力と学力の関係が明らかになりました。議員からも「なぜ人をつけないのか」との質問が出るようになり、平成二〇年度読書活動優良実践図書館表彰という結果も出ました。二〇〇九年四月の市長選挙では、マニフェストに「小中学校全校に学校図書館協力員の配置」をうたった候補者が当選し、平成二二年度からは小学校も含め全校に協力員が配置されました。

7 小平市史編さん事業

期間は二〇〇八（平成二〇）年四月～二〇一五（平成二七）年三月の七年計画で、市史研究六冊、史料集五冊、市史本編三冊、別冊二冊、付編二冊、概要版一冊を予定しています。平成二四年に市制五十周年を迎えるので、それまでに本編三冊は完成させるというのが至上命題です。

職員は私一人なので、やれる仕組みを何とか作らなければと思い、嘱託のような位置づけで院生や修士・博士課程を終えた人達に来てもらうことを考えました。優秀な研究者は大勢いるので、いい人材が確保できると思い、専門職六名を要求し、認められました。小平の場合、嘱託員は三年で雇い止めになります。市史編さんでは、少なくとも五年間は続けてもらわないと仕事になりません。いろいろ研究して地方自治法一七四条専門委員という制度に辿りつきました。兼職も認められます。そして彼ら専門委員を支援するために調査補助員という制度を作り、アルバイトを一人ずつつけるという形をとっています。

『小平の歴史を拓く ―市史研究―創刊号』を二〇〇九年三月に刊行しました。非常に評判がよくて、三ヶ月で一五〇冊を販売。第二号はいつ出るのかという質問や、年一冊では少なすぎるというご意見をいただきました。

8 市民協働

小平の場合、本当に市民協働型の市史編さんが展開されてきています。市民との連携ということで言えば、私が市史編さん室に移ってから、図書館時代につながりのあった人が、手伝えることがあればと声をかけてくれました。これは図書館の財産です。市史編さん委員にも幅広い人脈のある市民が二人入っていますが、聞き取り調査にも、「市史編さん室です」と行くよりも相手が心を開いてくれるし、どの人に聞けばどういうことがわかるという情報も集まってきます。ある市民の方は模型作りなら協力できると言ってくれました。小平で最初に開かれた小川村の開拓当初の村絵図が残っているのですが、彩色ですごくきれいなものです。小平で歴史に関心がある人なら誰でも知っている有名な資料ですが、この街並みを模型として立体的に作ったら市民にもわかりやすく、子どもたちも面白がってくれるんじゃないか、と思いました。予算がないので、市内にある職業能力開発総合大学校にアイディア・情報を提供し、地域資料のレファレンスによる支援や広報、行政へのプレゼンテーションなどをこちらが担うことにして、学生達の卒業制作費を、勉強を兼ねて模型製作に充ててもらうという関係ができ、一年かけて模型が完成しました。

また、市内には地域の歴史や文化を自分のＨＰで提供している素晴らしい市民がいますが、意外に知られていません。その人達が亡くなったとしても共有財産として残したい、図書館で何とかできないか、という相談がありました。私も仲町図書館を情報発信の基地にしたいという思いがありましたが、組織づくり、コンテンツづくりができないと絵に描いた餅になってしまいます。市民とのつながり、あるいは人材の掘り起こしが大事だということで、情報ボランティアの組織を立ち上げて今年で三年目になります。その方達が市史編さんにも協力すると言ってくれ、先ほどお話しした公図をデジタル化して絵図にする仕事を手伝ってくれています。また、小平に在った範多農園の研究をしている人は、すばらしい成果をまとめ、限定三部の本を作りました。その内の一冊を市史編さんのための資料として寄贈してくださいました。

こんなふうに市民協働がどんどん広がってきています。

こういう仕事は、誰かがコーディネーターとして人と人をつなぎ合わせていくことによって、ものすごい広がりを持つのです。それはまさに図書館だからできたことです。図書館は人と話をし、調整をし、レファレンス等いろんな手法で積み重ねた構想をプレゼンする能力が鍛えられています。共感が得られれば人はそれに動かされ、気持ちが高まり、構想が伸びていくのです。そうやって図書館は豊かになっていくんだと思います。

職員や市民を巻き込んで楽しく仕事をし、高いハードルを飛び越えるためには、多くの人の協力と共感を得ることが必要です。そして最近脚光をあびている市民協働を実践することによって仕事の可能性は飛躍的に高まり、大きな広がりを持つことができると考えます。しかし、ともすると専門職の人達は自分が納得すればよい、とする傾向が見られます。仕事は一人でするものではなく、市民協働を実践するためには企画力とプレゼン力を磨き、組織に訴えていく意欲的な取り組みが求められているのではないでしょうか。

まとめ

最後になりますが、先進図書館の実践にならって、小平ではこれまで述べたような仕事をさせてもらいました。共に学び、悩み、競い合う仲間の存在が小平の図書館での仕事にとって何よりも大きかったと感じます。菅谷明子さんが、二〇〇九年七月二七日の朝日新聞「Globe」に、「米国の大学街で国境を越えたネットワークをつくるスイスハウスの試みに日本が学ぶべきこと」というタイトルで「これからの時代は個人が持つ知識量ではなく、キーパーソンをつなぐネットワークによる集合知をいかに自分の知（脳）の拡張として使いこなせるかが鍵になる」という非常に大事な、まさに市民協働にとって基礎的な考え方になる提言をしています。また、茂木健一郎氏はＮＨＫで放送された「プロフェッショナル　仕事の流儀」をまとめた『プロフェッショナルたちの脳活用法』（日本放送出版協会　二〇〇九）という本の中で「自由というのは人間の脳を最も元気にさせてくれる要因である。自分で選択し、自分で決定し、自分の責任で実行する、これが脳にやる気を起こさせる条件になるといってもいい」と言っています。私自身も、そういう仕事だからこそ、苦しい中で図書館の仕事に取り組んでこられたと思います。この気持ちを忘れずにこれからも地域資料に関わる仕事を続けていきたいと思っています。

多摩デポブックレットのご案内

年3回刊　定価各630円（税込み）

No.1 **公共図書館と協力保存**
－利用を継続して保証するために－
安江明夫著　2009.5刊　52p.

No.2 **地域資料の収集と保存**
－たましん地域文化財団歴史資料室の場合－
保坂一房著　2009.9刊　56p.

No.3 **地図・場所・記憶**
－地域資料としての地図をめぐって－
芳賀　啓著　2010.5刊　54p.

No.4 **現在《いま》を生きる地域資料**
－利用する側・提供する側－
平山惠三　蛭田廣一著　2010.11刊　56p.